AF501022

INSTRUCTIONS

DE

SA MAJESTÉ

TRES-FIDELE,

A SON MINISTRE

EN COUR DE ROME.

Du 8 Octobre 1757, du 10 Février 1758 & du 20 Avril 1759.

INSTRUCTION

Que Sa Majesté très-Fidéle a fait expédier à Francisco de Almada de Mendoza, *son Ministre en Cour de Rome, au sujet des désordres que les Jésuites ont commis dans ce Royaume & dans le Bresil; pour en rendre compte au très-saint Pere Benoît XIV, avec le précis des attentats que ces Religieux ont commis dans le Nord & dans le Sud de l'Amérique Portugaise.*

Du 8 Octobre 1757.

IL y a long-tems que votre Seigneurie est instruite des intrigues séditieuses que les Jésuites de Portugal ont tramées dans cette Cour, dans celle de Rome & dans toutes les Cours d'Europe contre le service du Roi notre Maître, & l'intérêt public de ce Royaume & de ses conquêtes. Leur méchanceté leur a fait inventer, écrire, insinuer & publier de prétendus malheurs & désordres qui n'ont jamais existé. Le but que leur malice se proposoit, étoit d'imprimer de toutes parts dans la crédulité du public tout ce qu'ils ont cru le plus capable de donner une idée sinistre du très-religieux, trés-régulier, & très-heureux gouvernement de S. M. Ils vouloient ainsi faire perdre de vûe les avantages inexprimables, que, pour la gloire immortelle de Sa Majesté, les Sujets de Portugal & de ses dépendances, ont reçus de son gouvernement, & qu'ils ne cessent de publier avec des bénédictions infinies & des prieres innombrables pour la conservation de la vie & de la prospérité de leur Auguste Bienfaiteur.

Mais vous pouvez ne pas sçavoir encore les vraies causes de ces abominables excès, parce que l'incomparable clémence de Sa Majesté, & son extrême dévotion pour les glorieux Saints Ignace de Loyola, saint François Xavier & saint François de Borgia, ont suspendu non-seulement l'indéfectible justice de Sa Majesté, mais encore les effets de la protection qu'elle doit à ses Sujets pillés & opprimés. Sa Majesté espéroit qu'une si grande modération pourroit procurer l'amendement de désordres si grands & si extraordinaires, sans donner atteinte à l'honneur des enfans d'une mere aussi sainte & aussi vénérable que la Religion de la Compagnie.

Les détestables excès que vous verrez dans l'exacte & fidéle Relation qui sera jointe à cette Lettre, cotée N°. V. & l'incorrigible obstination qu'ils ont manifestée, ayant fait perdre toute espérance d'amandement, l'autorité Royale & la constante protection que Sa Majesté doit aux peuples que Dieu lui a confiés, l'obligent enfin d'appliquer les derniers remédes à des maux aussi extrêmes, que ceux qui sont constatés par la même Relation.

L'on y a ômis le récit de bien plus grands & plus horribles scandales, qu'il n'étoit pas possible de rapporter sans une extrême indécence, & sans blesser la pudeur de ceux qui les auroient écrits, ou qui les auroient entendus. On a donc cru devoir se restreindre dans cette relation aux faits les plus publics, & dont la notoriété est telle, qu'il est impossible de les déguiser & de les obscurcir. Il n'y a pas plus de moyen d'en nier la certitude, que celle de faits que leur évidence met sous les yeux de tout le monde, & qui de leur nature sont incontestables. Encore Sa Majesté a-t-elle le plus grand déplaisir d'être obligée de manifester de si grands désordres, & l'entiere corruption des Provinces de la Compagnie dans le Portugal & le Brézil.

Vous trouverez dans cette relation la preuve convaincante, qu'il y a bien des années que ces Religieux ont absolument renoncé à l'obéissance qu'ils doivent aux bulles & commandemens des Papes, à l'observance des loix les plus nécessaires pour la conservation de la paix publique de ces Royaumes, à la fidélité dûe à leurs Monarques, & à la pieuse instruction de leurs Sujets. Ils ont sacrifié toutes ces obligations Chrétiennes, religieuses, naturelles & politiques à une ardeur aveugle, insolente & sans bornes, de s'emparer des gouvernemens politiques & temporels, au desir insatiable d'acquérir & d'amasser des biens d'autrui, & même d'usurper les Etats des Souverains. Rien n'a été capable de les détourner de ces abominables transgressions, sur-tout quand ils ont vû qu'elles pouvoient servir de moyens pour parvenir à des fins si répréhensibles & si contraires à leur saint Institut, pour lequel ces mêmes Religieux ont fait voir un mepris aussi absolu que scandaleux.

Enfin l'extrême corruption de ces infortunés enfans d'une sainte Religion en est venue à un point si déplorable dans le Royaume de Portugal, & plus encore dans ses Domaines d'Outremer, qu'il s'y est très-peu trouvé de Jésuites qui ne parussent être plutôt des Marchands, des Soldats ou des Tyrans que des Religieux.

Il n'étoit plus possible de dissimuler de si grands désordres sans courir le risque de le rendre absolument irrémédiables. C'est ce qui a déterminé Sa

Majesté à prendre enfin des mésures efficaces pour prévenir la désolation entiere de ses Sujets & de ses Etats, & même la ruine totale des Provinces de cette Compagnie, qui ne pouvoit manquer d'arriver, si l'on n'y apportoit le plus prompt remede, autant qu'il pouvoit dépendre de l'autorité temporelle de Sa Majesté.

Comme les Confesseurs de Cette Cour & leur libre entrée dans le Palais étoient le plus fort appui de l'insolence & de l'audace que ces Peres ont fait éclater, tant en Europe qu'en Amérique; le Roi notre Maître a commencé par ordonner à tous les Confesseurs Jésuites des Princes & Princesses du sang Royal de se retirer dans les Maisons de leur Ordre. A leur place Sa Majesté a nommé pour son Confesseur *le Pere Antoine de Ste Anne*, Provincial actuel des Capucins, de *Sancta Maria de Arrabida*, en conservant pour Confesseur de la Reine le Vicaire général des Augustins Déchaussés, *le Pere Antoine de l'Annonciation*, qui depuis du tems occupoit cette place. Et pour Confesseur de la Princesse héréditaire, & de Mesdames les Infantes, Sa Majesté a nommé *le Pere Joseph Péreira de Ste Anne*, Provincial actuel des Carmes. Monseigneur l'Infant *Dom Pédro* a choisi pour son Confesseur celui du Roi. Monseigneur l'Infant *Dom Antonio* a pris pour le sien, *le Pere Antoine de Ste Marie des Anges*, Exprovincial des Franciscains de la Province de Portugal; & Monseigneur l'Infant *Dom Manuel*, *le Pere Valere du Saint Sacrement*, Capucin de la Province de Saint Antoine.

En même tems le Roi a interdit au Pere Provincial de la Compagnie & à tous ses Religieux l'entrée de son Palais, jusqu'à nouvel ordre, & jusqu'à ce que Sa Majesté fût assurée que ces Religieux auroient conformé leur vie & leur conduite aux obligations de leur saint Institut. Et pour parvenir à un but ſi juſte & ſi néceſſaire, Elle a auſſi ordonné que l'on prît tous les moyens qui dépendent de ſon autorité, & du pouvoir qu'Elle a de faire inviolablement obſerver dans ſes Royaumes & Etats, les ſaints Canons & les Conſtitutions Apoſtoliques, qui défendent aux Réguliers, & encore plus aux Religieux de la Compagnie, & à tous Miſſionnaires de s'immiſcer dans les affaires temporelles, dans la pratique du commerce, & des intérêts de la banque, enfin, de faire exactement obſerver les Concordats faits avec le Saint Siége, qui dans ce Royaume ont force de Loi & de Coutume.

Mais comme tout ce que le Roi peut faire comme Prince temporel, ne peut s'étendre que ſur des choſes de cette nature, & ne ſuffit pas pour remédier aux maux ſpirituels, qui pourtant ont beſoin du remède le plus prompt & le plus efficace, lequel ne peut émaner que du Souverain Pontife & Vicaire de Jeſus-Chriſt notre Seigneur ſur la terre; Sa Majeſté vous ordonne de préſenter au Saint Pere la fidele Relation dont je vous ai parlé ci-deſſus, avec le contenu en cette Lettre, & vous ſupplierez en même tems Sa Sainteté qu'il lui plaiſe de mettre en uſage ſur un ſujet ſi important les moyens les plus efficaces & les plus capables de faire abſolument ceſſer les abus, les excès & les crimes qui ſe commettent journellement dans les ſuſdites Provinces régulieres, & de les obliger de ſe conformer à leur ſainte & primitive obſervance, afin que l'on y puiſſe voir revivre les exemples dignes de louanges & d'imitation, qui depuis tant d'années ſe trouvent enſévelis ſous les horreurs de ſcandales ſi énormes, ſi univerſels & ſi publics.

Ceux qui ont cauſé le plus de dommage aux habitans des Etats de Sa Majeſté en Amérique, auroient dû ceſſer en grande partie, par l'exécution de la Bulle de Sa Sainteté du 28 Décembre 1741, insérée dans le Mandement de l'Evêque du grand Para, qui est joint à cette Lettre sous le N°. II, comme aussi par l'exécution des deux Ordonnances N°. III & IV. Sa Majesté les avoit fait publier à cette fin dans tout le Brésil, comme devant être le moyen le plus capable de faire entierement cesser les abus qui ont résulté du défaut d'exécution des décisions Pontificales, & des résolutions Royales, lorsqu'elles pouvoient déplaire auxdits Religieux, & bien plus encore de ce qu'il ne se trouvoit personne qui osât donner avis d'un abus si préjudiciable & si indécent. Un si grand mal ne venoit pas d'autre source que des fortes menaces, par lesquelles ces Religieux affectoient de faire sonner bien haut le grand crédit de leur Compagnie, & de ceux de leurs Peres qui fréquentoient la Cour. L'on a eu tout sujet de s'en convaincre dans ces derniers tems, quand on a sçu combien de Gouverneurs & de Ministres zélés pour le service de Dieu & de Sa Majesté, ces Peres ont malheureusement ruinés par leurs sinistres artifices, quoique ces Officiers n'eussent pas d'autre tort que d'avoir représenté à la Cour des vérités qui ne plaisoient pas à ces Peres, & qui paroissoient alors incroyables; mais qui ne sont devenues que trop certaines & démontrées depuis la guerre du Paraguais, la révolte du Maragnan, & tant d'autres désordres manifestes & publiquement constatés par la susdite Relation, cotée N°. V, sans parler d'une infinité d'autres, du récit desquels il seroit facile de faire de gros volumes.

Tout ceci considéré; Sa Majesté vous ordonne de demander au Saint Pere une audience particuliere & très-secrette, pour lui rendre un compte exact de tout ce que je viens de dire. Sa Majesté espere en conséquence que la sagesse paternelle & Apostolique de Sa Sainteté n'ômettra rien de ce qu'exige une auſſi urgente conjonćture, pour empêcher qu'un Ordre qui a rendu tant de ſervices à l'Egliſe ne ſe perde totalement dans ce Royaume & ces dépendances, par la corruption des mœurs de ſes Religieux, & par le ſcandale public & général qu'ils ont donné par des déſordres & des abus ſi étranges & ſi continuels.

Le récit qui en eſt fait dans la fidele Relation que je joins à cette Lettre, ayant pour fondement & preuves des faits toujours ſubſiſtans, connus non-ſeulement de trois armées, mais encore de toute l'Amérique Portugaiſe & Eſpagnole, & venant directement, comme d'une ſource pure, des lieux mêmes où ces faits ſont arrivés, ſans mélange d'aucun rapport incertain & ſuſpect, ne peut pas laiſſer lieu au moindre doute. C'eſt pourquoi Sa Majeſté tient pour certain que Sa Sainteté n'héſitera pas un ſeul moment à prendre le parti convenable & néceſſaire qu'exigent ces mêmes excès, pour faire rentrer ces Religieux dans les exercices de leur ſpirituel & ſaint Inſtitut, en les forçant de ne plus s'ingérer dans des affaires politiques & des intérêts temporels & de commerce; afin que délivrés de la corruption où les a précipités leur deſir effréné de gouverner les Cours, d'acquérir des richeſſes, & des intérêts de commerce, de pratiquer l'uſure & les banques, & de s'enrichir de tous les biens de la terre; ils puiſſent ſervir Dieu & édifier le prochain, comme de vrais imitateurs des héroïques vertus des grands & glorieux ſaint Ignace, ſaint François Xavier, & ſaint François de Borgia, qui reluiſant comme de brillans flambeaux, non-ſeulement dans leur Ordre, mais encore dans toute l'Egliſe Catholique, y ont laiſſé les plus illuſtres exemples.

Il eſt ſur-tout eſſentiel que l'on conſidere avec toute la réflexion que le cas mérite, ce que l'hiſtoire nous apprend de la très-ſévére punition des

Templiers, dont l'Ordre fut éteint à cauſe des ſcandales qu'ils avoient donnés. Il eſt cependant certain qu'on ne lit nulle part que ces Chevaliers ſe ſoient jamais portés à des excès auſſi criminels que ceux dont les ſuſdits Religieux ſe ſont rendus coupables. Jamais on ne les a vûs, comme ces Peres, réſiſter ouvertement aux Papes & aux Rois, & ſe ſervir du crédit le plus énorme, pour énerver, ſoit directement ſoit indirectement les Bulles des Papes & les Ordonnances des Rois. On n'a jamais accuſé ces mêmes Chevaliers d'avoir formé des Républiques de Sujets, au-dedans même des Etats des Princes, pour les faire révolter contre leurs Souverains. On ne les vit jamais s'oppoſer à main armée à tout ce qui pouvoit intéreſſer les Rois & les peuples de leurs Etats. Jamais ils ne furent accuſés d'avoir aſpiré à l'uſurpation de Royaumes & d'Empires entiers. Mais les Jéſuites ſont coupables de tous ces crimes. Ils entrent dans leurs projets : ils n'auroient pas manqué de les porter en peu d'années à leur conſommation, ſi l'on n'eût pas eu l'avantage de découvrir leur plan ambitieux & clandeſtin.

C'eſt en effet ce qu'ils auroient exécuté par le moyen de ces Colonies d'Indiens rebelles & ſauvages qu'ils avoient établies, & dont ils s'efforçoient tous les jours d'augmenter le nombre dans toute cette vaſte Contrée, qui s'étend depuis le Maragnan juſqu'à l'Uraguai. Ils rendoient journellement plus abondantes & plus fortes ces nombreuſes Colonies, par le commerce très-conſidérable & très-animé qu'ils pratiquoient clandeſtinement, par le moyen des Colléges, des Maiſons Profeſſes & réſidences qu'ils poſſédent dans les Capitales des deux Royaumes de Portugal & d'Eſpagne, dans les grands lieux maritimes de ces Royaumes, & dans les pays d'Outre-Mer. Déjà par tous ces moyens ils avoient comme fermé les deux Amériques Portugaiſe &

Espagnole par un cordon si fort, que si on les eût laissé faire, dans dix ans il auroit été impossible de le rompre, & de les débusquer de ces Contrées, n'y ayant point dans toute l'Europe de Puissances capables de les forcer dans ces vastes bocages, défendus par des hommes, dont le nombre est presque infini, dont les Jésuites seuls connoissent la Langue & les Coutumes, & dont ils ne cessent de nourrir & d'enflammer la haine implacable & irréconciliable, qu'ils leur ont inspirée contre tous les Blancs qui ne sont pas de la Compagnie. Que Dieu vous ait en sa sainte garde.

A Belem le 8 Octobre 1757.

DOM LOUIS DACUNHA.

A M. François de *Almada de Mendonza.*

LETTRE INSTRUCTIVE.

Du 10 Février 1758 à François de Almada de Mendonza, Ministre de Sa Majesté Très-Fidele en Cour de Rome, pour l'instruire jusqu'à cette époque de tous les excès énormes que les Jésuites avoient ajoutés aux désordres auxquels ils s'étoient livrés dans les Etats d'Outre-Mer de cette Monarchie, lorsque Sa Majesté s'est vûe obligée de faire donner avis à N. S. P. le Pape Benoît XIV. des attentats de ces Religieux, par la premiere Lettre Instructive du 8 Octobre 1757.

LES désordres & les attentats que les Jésuites ont accumulé dans le Maragnan depuis le commencement du regne de Sa Majesté, dans la vûe de rendre impossible l'exécution du Traité des limites des conquêtes, les soulevemens qu'ils ont excités pour cette même fin dans les contrées du Paraguay & de l'Uraguay, & les cabales qu'ils ont ourdies au-dedans même de ce Royaume & jusques dans le Palais du Roi, sont de très-pressans motifs qui ont déterminé Sa Majesté à faire sentir à ces Religieux son juste pouvoir. En cela, Sa Majesté ne fera que ce que tous les Souverains ont droit de faire, sans pouvoir s'en dispenser, contre les Ecclésiastiques coupables de séditions & de révoltes, quand même elles ne sont pas si condamnables & si pernicieuses que celles que les Jesuites ont causées au Nord & au Sud du Brésil, & au dedans de ce Royaume & de cette Cour. Le Roi a d'autant plus de raison de le faire, qu'il a vû l'inutilité parfaite des premiers effets auxquels il a eu la modération de se restraindre, en se contentant de renvoyer de sa Cour les Religieux de cette Compagnie qui en étoient les Confesseurs. Sa Majesté espéroit que cette démarche feroit rentrer dans l'ordre le Régime intérieur & perverti de ces Peres, & les porteroit à mettre fin à cette obstination scandaleuse avec laquelle ils s'opposoient à l'exécution du Traité des limites, & qu'ils cesseroient de troubler le repos de la Cour & des Sujets de Sa Majesté. Mais cette clémence & modération de Sa Majesté a produit des effets tout contraires à ceux que l'on en devoit attendre, ainsi que vous allez le voir.

2. Dès qu'ils ont senti qu'il étoit impossible de faire plier l'inflexible constance de Sa Majesté & de ses Ministres, & de les détourner du dessein de faire exécuter le Traité, dont ils ont bien compris que l'effet seroit de leur faire perdre l'empire qu'ils s'étoient formés dans le centre des Etats d'Outre-Mer des deux Monarchies; dès qu'ils ont vû passer *Gomez Freire de Andrada* à la tête d'une armée dans la Province de *Rio de la Plata*, & *François-Xavier de Mendonza* dans celle de *Para* à la tête de trois Régimens de nouvelle création; ces Peres ont entiérement perdu le jugement & tout sentiment de Religion. Ils se sont livrés aussi-tôt, pour en venir à leurs mauvaises fins, aux pratiques les plus exécrables, pour calomnier & deshonorer par des fables pleines d'infamie le très-heureux Gouvernement du Roi, & la fidélité de ses Ministres. Et mettant en œuvre parmi nous les mêmes moyens qu'ils ont tant de fois pratiqués dans plusieurs autres Cours, ils ont commis des excès qui nous ont remplis d'horreur & d'épouvante.

3. D'une part, ils se sont appliqués à gagner les personnes qu'ils sçavoient être mécontentes du

Gouvernement, soit parce que le Roi ne les employoit pas à son service, soit parce qu'il leur avoit refusé des places qu'ils n'avoient pas méritées. Ils ont répandu de vive voix & par écrit des impostures inouies, des mensonges, des injures outrageantes contre Sa Majesté. Ils se sont efforcés de noircir & de défigurer les effets admirables de la sagesse & de la bonté d'un Roi, pere de ses Peuples, qui les a comblés de tant de graces, & qui fait de jour en jour respecter & adorer, pour ainsi dire, la justice de son incomparable & très-heureux Gouvernement.

4. D'autre part, à l'aide de ces artifices Machiavéliques, ils se sont efforcés de rompre la bonne intelligence qui regnoit entre cette Cour & les autres, & de la brouiller en particulier avec celle d'Espagne, non-seulement en y répandant des impostures capables d'offenser personnellement les Souverains des deux Royaumes, mais encore en suppolant de prétendus préjudices qui devoient résulter contre l'une & l'autre Cour, de l'exécution du Traité. En effet, ils insinuoient à Lisbonne que le Portugal étoit bien trompé dans ce Traité, & à Madrid ils disoient que c'étoit l'Espagne qui étoit trompée par la Cour de Portugal.

5. En même-tems, quand ils apprirent l'établissement de la Compagnie du Para, comprenant qu'elle alloit ruiner le gros commerce qu'ils faisoient dans ce pays-là, ils se porterent aussi jusqu'à l'audace excessive d'exciter contre cette Compagnie un soulevement général au dedans de la Cour de Sa Majesté; ce qui n'auroit pas manqué d'arriver, si le Roi ne l'avoit sur le champ prévenu par l'exil du Pere *Ballester*, qui avoit eu la hardiesse de faire tout exprès un Sermon très-insolent, pour soulever le peuple contre cette Compagnie du Para. Ce Pere crioit comme un forcené dans la Chaire, que *quiconque entreroit*

dans cette Compagnie, n'auroit aucune part à celle de Notre-Seigneur Jesus-Christ. Le Roi fut encore obligé d'exiler le Pere *Bonto de Fonceca* qui, en personne & par d'autres émissaires de sa Société, alloit faire de semblables déclamations dans les maisons des Ministres & des particuliers, quand ils se flattoient d'y trouver de mauvaises intentions, ou une ignorance dont ils pouvoient abuser. En même-tems Sa Majesté exila ou fit arrêter les Commerçans de la Compagnie appellée du *Bien Commun*, qui, par la suggestion de ces Religieux, oserent, avec plus d'ignorance que de malice, présenter au Roi à son Audience un Mémoire séditieux; ce qui détermina le Roi à supprimer aussi-tôt cette Compagnie du *Bien Commun.* Par ces démarches & autres aussi dignes de la sagesse de Sa Majesté, elle confondit & désarma toutes ces intrigues, & d'autres encore bien plus exécrables, pour lesquelles on étoit même allé jusqu'à se servir d'Etrangers qui se trouvoient alors dans cette Capitale, & qui furent assez inconsidérés pour se prêter à de semblables pratiques.

6. Sur ces entrefaites il arriva le tremblement de terre. Cette terrible calamité fournit aux Jésuites un nouveau théâtre pour jouer, dans une conjoncture si triste & si affligeante, les rôles les plus propres à les faire parvenir à leurs fins détestables. Jamais la méchanceté si fertile de Nicolas Machiavel n'inventa rien que la diabolique politique de ces Peres ne pratiquât alors. Ils forgerent des prophéties pleines de menaces de nouveaux désastres qui devoient être causés par des éruptions & des déluges de feux souterreins, & des eaux de la mer. En même-tems ils faisoient insérer, tant par eux que par leurs émissaires, dans les Nouvelles publiques qui ont cours en Europe, des relations de nouveaux malheurs, de

misères extrêmes, d'horreurs épouvantables, qu'ils disoient nous être arrivés, quoiqu'ils n'eussent pas eu la moindre ombre de réalité. Ils les annonçoient comme des punitions de péchés publics & scandaleux, qui n'étoient que des suppositions d'une imposture d'autant plus criminelle, qu'ils les plaçoient dans le tems de la réforme la plus réguliere & la plus exemplaire que la Cour & le Royaume de Portugal ayent vûs depuis l'époque de la fondation de cette Monarchie. Ce n'est pas tout encore. Ils en vinrent jusqu'à cette incroyable audace, qui jamais n'a eu d'exemple, d'oser mettre sous les yeux de Sa Majesté ces Ecrits séditieux & remplis de toutes ces impostures. Ils espéroient par-là abattre & consterner cette grande ame, à laquelle Dieu a accordé, pour notre bonheur, une sérénité à toute épreuve & supérieure à toutes ces malignes impressions. A cette énorme témérité, ils ont encore ajoûté celle d'abuser de la pieuse affection que le Roi a toujours eu pour les personnes qui portent l'habit des Capucins; &, par ce moyen, ils ont introduits à la Cour deux Peres Recollets, que pendant quelques années ils avoient logés avec eux dans leur Maison Conventuelle de S. Roch, & que depuis, pour se les assujettir davantage, ils avoient établis dans l'Hospice de Ste Apolline, quand ils en chasserent les Genois. Ils se sont servis de ces Recollets comme de leurs instrumens, non-seulement pour inspirer les frayeurs dont j'ai parlé, mais encore pour insinuer d'autres suggestions très-pernicieuses, dont la sagesse & la lumiere très-pénétrante de sa Majesté a heureusement triomphé. Pour eux, (de concert avec ces Peres Recollets) ils s'étoient réservé le rôle d'appuyer & de confirmer toutes les impostures qu'ils leur avoient fait avancer non-seulement dans l'intérieur du Palais, mais encore dans les sanctuaires les moins pénétrables & les plus sacrés. Par ces moyens, s'ils avoient pû venir à bout de vaincre la sagesse & la constance de Sa Majesté, le Royaume auroit été exposé aux plus grands désordres. L'autorité Royale auroit été entiérement renversée, & du sein d'une si horrible confusion, l'on auroit vû s'élever l'Empire Jésuitique, suivant toute l'étendue de leurs projets.

La découverte de ces intrigues, & la punition de ceux qui y avoient servi d'instrument, ne les arrêterent pas. Le Roi ayant fait publier l'établissement de la Compagnie chargée de la culture des vignes du Haut-Douro, la cabale que la prudence & la sagesse de Sa Majesté avoit désarmée dans sa Capitale, se remit à tramer ses opérations dans la Ville de Porto, seconde Ville du Royaume. Les Jésuites, chefs de cette cabale, y travaillerent avec ardeur à rendre odieux aux Sujets de Sa Majesté, le Roi, son Gouvernement & son fidéle Ministere, en rebattant sans cesse les imputations & les impostures qu'ils avoient répandues dans le Royaume, & dans les Pays étrangers. Ils abuserent même de la simplicité des gens du commun, jusqu'à leur faire croire cette insigne fausseté, que les *vins qui seroient vendus par la Compagnie qu'on venoit d'établir, ne vaudroient rien pour la célébration du saint sacrifice de la Messe*. Ils firent extraire en même-tems des Archives de la Ville la relation du soulévement arrivé dans la même Ville en l'année 1661, & la mettant entre les mains des gens mal-intentionnés & encore plus mal instruits, ils leur disoient & répandoient par toute la Ville que, si ce soulévement commençoit comme en 1661 par des femmes & des valets, il demeureroit comme alors sans punition. Ils se servirent encore de ces suggestions pour animer d'autres Ecclésiastiques, que leur légéreté rendoit capables de se livrer à leurs insinuations. Par ces moyens, ils vinrent à bout d'exciter l'horrible émotion du 23 Février de l'année derniere, qui fut comme le second tome de celle de l'année 1661, sans la moindre différence ; ce qui força enfin le Roi de faire violence à sa bonté, & lui causa l'extrême déplaisir de punir les habitans de cette Ville, mais avec toute la modération que pouvoit permettre l'indispensable nécessité de ne pas laisser sans châtiment un exemple si pernicieux, & de donner à ses fidelles Sujets la satisfaction qu'exigeoit naturellement un scandale & un attentat si peu ordinaire dans le Royaume.

8. Rien au monde ne paroissoit plus capable d'abattre & de réprimer le téméraire orgueil de ces Peres. Ils devoient naturellement s'affliger & être remplis de confusion & de regret, en voyant cette Ville infortunée à la discrétion des gens de guerre & ses habitans gémissans dans les fers dont ils étoient redevables à la méchanceté de ces Religieux qui les avoient précipités dans cette calamité. Mais il en arriva tout le contraire, comme on a été obligé de s'en convaincre par des faits qu'il est impossible de nier.

9. De tels événemens, des conjonctures si délicates & si périlleuses font voir bien clairement la sagesse de la résolution si nécessaire que le Roi a prise de chasser les Confesseurs de sa Cour. C'étoit le moyen qui paroissoit le plus capable de désarmer ces Religieux, & de leur ôter le crédit que leur donnoient les Confesseurs de leurs Majestés & de la Famille Royale. Ils abusoient de ce crédit jusqu'à mettre sous leurs pieds les Ministres mêmes & tous les Citoyens, par la frayeur qu'ils leur causoient par leur grand pouvoir, & par cet appareil formidable qu'ils étaloient aux yeux de tout le monde. D'où il est arrivé, entr'autres effets pernicieux, que, pendant bien des années, on n'a osé exécuter aucun ordre royal, qui fût capable de causer le moindre déplaisir à ces Peres.

10. Mais tout l'effet qu'a produit une démarche si modérée, eu égard aux motifs qui l'ont rendue si nécessaire, a été de porter ces Peres à forger de nouvelles impostures, & à répandre les bruits les plus insultans & les plus faux. Entr'autres faussetés, ils ont publié que leur *conduite dans le Maragnan & l'Uraguai a été aussi juste que réguliere; qu'ils n'étoient persécutés qu'à cause des efforts qu'ils faisoient pour conserver la Foi dans ce Royaume où*, disoient-ils, *on avoit dessein d'abolir le Tribunal du Saint-Office*, dont tout le monde sçait que ces Peres sont les plus grands ennemis, parce qu'ils n'ont pas pû se rendre maîtres de ce Tribunal. Ils ajoûtoient que *le Roi vouloit établir en Portugal la liberté de conscience; qu'il pensoit à marier la Princesse héréditaire avec un Prince d'une autre Religion; que le soulévement de Porto avoit é é juste, & d'ailleurs de peu de conséquence, n'y ayant que des femmes & des polissons qui y avoient pris part; qu'enfin il n'y avoit rien de plus injuste que le châtiment qu'on en avoit fait, &c.*

11. Le Roi étant donc convenu par ces nouveaux motifs de l'indispensable nécessité de désabuser ceux de ses Sujets que l'on a imbus de si pernicieuses & de si sacriléges calomnies, & de démasquer enfin ces Religieux, en faisant connoître au Public une partie des très-justes raisons que *la décence peut permettre d'exposer aux yeux du monde*, & qui ont obligé Sa Majesté d'agir comme elle l'a fait; elle a ordonné l'impression de deux Ecrits, dont vous recevrez quelques exemplaires pour votre entiere instruction.

12. L'un de ces deux Ecrits (*a*) contient de

(*a*) C'est ce même Mémoire que Sa Majesté a fait présenter au Pape, pour demander la réforme de ces Religieux.

simples extraits des Lettres de Gomez Freire d'Andrada, de François Xavier de Mendonza & de l'Evêque de Para. Ces extraits ont été tirés avec une grande précision, & *autant que la pudeur a pu le permettre*, des originaux authentiques qui sont consignés dans la Secrétairerie d'Etat. Ils ne contiennent que les faits publics & notoires, qui ont été & sont encore de la connoissance de tous les habitans du Brésil, & de tous les Portugais qui ont des correspondances dans ce Pays-là.

13. Le second Ecrit contient une copie de l'original de la Sentence rendue dans la Jurisdiction de Porto, sur des procédures de quatre mille rôles. Le Régime des Jésuites y feroit une grande & énorme figure, si Sa Majesté n'avoit cru dès le commencement, que sa piété l'obligeoit de supprimer, dans l'extrait qu'elle en a fait faire, tout ce qui regarde les Ecclésiastiques.

14. Il est certain que ces deux Ecrits & les faits incontestables qui y sont contenus, acheveront de faire connoître les cabales & les méchancetés que ces Religieux ont pratiquées dans ce Royaume. On y trouvera la conviction complette de toutes les impostures que ces Peres ont publiées. Il est également certain qu'après qu'ils ont vû qu'il ne leur étoit pas possible de tromper le Portugal, ils se sont appliqués avec des efforts & des soins plus grands encore à répandre dans les Pays étrangers ces calomnies pernicieuses, qu'ils n'ont inventées que pour faire disparoître & nier avec une témérité incroyable les révoltes & les attentats qu'ils ont causés dans le Paraguai & le Maragnan. Ils ont eu l'audace de nier ce qui est de notoriété publique, & ce qui a été & est encore sous les yeux de trois armées de tout le Brésil; ce qui est d'une témérité aussi grande que de nier qu'il y eût en Europe les Vil-

les de Lisbonne, de Madrid & de Londres, en présence des personnes qui n'y ont point encore été. C'est par des artifices & des mensonges de la même nature qu'ils sont autrefois parvenus à rendre incroyables à la Cour de Madrid les attentats par lesquels ils ont opprimé en Asie D. Philippe Pardo, Archevêque de Manilles, en Amérique D. Bernardin de Cardenas, Evêque du Paraguai, & Dom Jean de Palafox & Mendonza, Evêque de la Puebla de los Angeles. C'est encore de moyens tout semblables qu'ils se sont servis pour rendre, pendant si long-tems, incroyables à la Cour de Lisbonne les plaintes multipliées des Peuples & des Prélats du Brésil ; de maniere que les unes n'ont jamais pû parvenir à la connoissance du Roi D. Jean V. & les autres, qu'ils n'ont pû lui dérober, sont demeurées pendant vingt-cinq ans sans effet avec les décrets donnés pour y mettre ordre ; & qu'enfin, après la mort de ce Monarque, elles se sont trouvées dans les mêmes termes qu'au premier jour, sans que les ordres du Roi ayent eu la moindre exécution.

15. Tel étoit le pouvoir de ces Peres dans cette Cour ! Tel étoit leur énorme crédit dans les affaires, qu'il alloit jusqu'à s'élever au-dessus du respect dû à un si grand Roi ! Tel enfin a été le préjudice que leur pouvoir & leur crédit ont causé aux deux Monarchies, en empêchant d'ajouter foi aux représentations des Prélats les plus respectables, & aux plaintes des Peuples opprimés, quand il étoit tems de les entendre & d'y mettre ordre, avant que ces Religieux se fussent procuré en Asie & en Amérique les forces qui animent aujourd'hui si excessivement leur témérité.

16. Sa Majesté ordonne de vous donner connoissance de toutes ces choses, afin que vous, Monsieur, en puissiez faire l'usage convenable

en tems & lieux opportuns, pour désabuser les personnes à qui ces Religieux ont fait illusion par leurs artifices.

Que Dieu vous ait, Monsieur, en sa sainte garde.

A Salvaterra de Magos, le 10 de Février 1758.

D. LOUIS D'ACUNHA.

A M. François de Almada de Mendonza.

MÉMOIRE

Que sa Majesté très-Fidele a fait remettre au Pape Clément XIII. avec sa Lettre du 20 Avril de la présente année 1759.

La violence avec laquelle les Supérieurs de la Compagnie dite de Jesus, sans autre vûe que ses intérêts temporels, ont réduit à un entier esclavage les Indiens du Bresil ; la tyrannie qu'ils n'ont cessé d'exercer sur ces peuples, en leur ôtant la liberté de leurs personnes, de leurs biens & du commerce ; leur obstination à violer les Bulles & les Ordonnances par lesquelles le Saint Siége Apostolique & les Rois de Portugal défendent de vexer & d'opprimer comme des esclaves ces peuples, qui sont libres de droit naturel & divin ; tous ces abus, qui du fond de l'Amérique ont retenti jusqu'aux oreilles de notre très-Saint Pere Benoît XIV. exciterent le zèle ardent de ce Suprême & vigilant Pasteur, & le déterminerent à donner un Bref Apostolique, qui commence par ces mois, *Immensa Pastorum Principis*, en date du 20 Décembre 1741 (*a*).

Ce Pontife y condamne hautement la tyrannie avec laquelle on traite les Indiens qui dépendent de ce Royaume. Il y excite le Roi D. Jean V. à faire usage de toute sa piété, pour réprimer par ses Ministres & par ses Officiers les rapines & les extorsions que souffrent ces Peuples. Il défend de les pratiquer davantage sous peine d'excommunication *latæ Sententiæ*. Enfin il y charge la conscience des Archevêques & Evêques du Bresil, d'employer toute leur vigilance pour faire dûment exécuter ces Lettres Apostoliques.

2. Le très-pieux & très-glorieux Monarque D. Jean V. prenoit toutes les mesures convenables pour faire concourir son pouvoir temporel avec la puissance spirituelle de Sa Sainteté à l'exécution de ce Bref & des Bulles dont il renouvelle les dispositions, lorsqu'il en fut empêché par le fatal accident du 10 de Mai 1742 (*b*), dont les tristes effets ont duré sans discontinuation jusqu'au 31 de Juillet 1750, que Dieu appella ce Prince à sa sainte gloire.

3. Ce Monarque étant mort, dans le tems même que le traité des limites des conquêtes des Cours de Portugal & d'Espagne venoit d'être ratifié, Sa Majesté très-Fidéle heureusement régnante, fit dés-lors expédier à ses Généraux & Officiers des frontieres du Bresil, les ordres nécessaires pour effectuer les échanges convenus entre les deux Couronnes, & régler les limites, selon qu'il étoit porté dans le traité susdit. La réponse de ces Généraux & Officiers fut, « Que l'exécution » de ce traité étoit sujette à de grandes difficultés,

(*a*) Voyez ce Bref dans le premier *Recueil de Piéces pour servir d'addition & de preuves à la* Relation abregée, &c.

(*b*) Attaque d'apoplexie & de paralysie du Roi D. Jean V.

» d'autant que les Supérieurs des Religieux Jesui-» tes, ayant ravi aux Indiens la liberté de leurs » personnes, de leurs biens, & du commerce, ils » s'étoient fortifiés de telle maniere dans le pays, » qu'il ne seroit pas facile de les réduire; que ces » Religieux s'étant rendus les Seigneurs & les » Maîtres absolus de tant de milliers d'hommes » inaccessibles aux Portugais & aux Espagnols, & » qui n'avoient avec eux aucune communication, » ils les tenoient dans une soumission telle qu'on » n'en avoit jamais exigé de la part de créatures » raisonnables. Que ces peuples, si pleinement & » si singulierement soumis, se laisseroient plûtôt » mettre en piéces, que de desobéir au plus petit » commandement de ces Peres, & de recevoir » dans leurs terres & habitations les Portugais & » les Espagnols.

4. Ces étranges nouvelles ajoutoient au Bref du Pape du 20 Décembre 1741, un nouveau motif bien capable d'exciter le Roi très-Fidele à faire cesser cette domination tyrannique, que les Peres Jesuites exerçoient sur les Indiens, & à écarter les obstacles qu'ils mettoient à l'exécution du traité des limites. Mais Sa Majesté, malgré de si justes sujets d'indignation, crut devoir encore se contenir dans les bornes d'une modération bien plus grande que des conjonctures si extrêmes & si pressantes ne le permettoient. Elle se contenta donc de faire publier dans le Bresil par les Evêques Diocésains, le Bref du 20 Décembre 1741, & les deux Ordonnances que Sa Majesté avoit faites en conformité de ces Lettres Apostoliques, en date des 6 & 7 Juin 1755 (a) Elle esperoit que cette publication feroit sentir la nécessité d'observer les Bulles & les Loix Royales, qui ordonnent de laisser

(a) Voyez ces Ordonnances dans le premier *Recueil de Pieces*, &c.

jouir les Indiens de la liberté de leurs personnes, de leurs biens & du commerce, & qui défendent aux Jesuites de s'immiscer dans le gouvernement temporel de ces peuples, qui ne peut appartenir qu'à des Généraux & des Officiers séculiers.

5. Ces Religieux n'eurent pas plutôt appris les ordres que Sa Majesté très-Fidéle avoit donné pour faire exécuter ces décisions Pontificales & ces Loix, qu'ils firent naître coup sur coup dans ces Régions, & parmi ces peuples les plus grands soulevemens & les plus horribles désordres.

Le Roi en fut informé par des relations authentiques, envoyées par les Prélats, les Généraux & les Ministres de ce même Pays, par deux navires qui venoient du Nord & du Sud de l'Amérique. Ces relations qui arreivrent à Lisbonne aux mois de Juillet & d'Août 1757, ayant été vûes & attentivement considérées par des Ministres habiles & craignans Dieu, & Sa Majesté très-Fidéle ayant fait de sérieuses réflexions sur les Conseils unanimes de ces Ministres, avec ce discernement exquis & cette prudence consommée qui font l'admiration & le bonheur de ses Etats, elle prit conformément à ces Conseils, les résolutions suivantes.

6. En premier lieu, comme il étoit notoire à tout le monde que les emplois des Jésuites dans le Palais de Sa Majesté, & l'autorité qu'ils s'arrogeoient en conséquence, leur donnoit lieu de se faire craindre à la Cour & dans le Royaume par leurs menaces & l'étalage de leur crédit; & de causer des troubles continuels dans le Brésil par l'ostentation qu'ils y faisoient de leurs richesses & de la force des armes de leurs Indiens, Sa Majesté se détermina le 19 Septembre 1757, à congédier les Religieux de cet Ordre, qui étoient Confesseurs de Sa Majesté & de la famille Royale, & à en nommer d'autres de différens Ordres qui sont bien connus. Elle interdit en même tems aux Jésuites l'en-

trée de son Palais, où ils avoient fait de leurs emplois un abus si préjudiciable au public.

7. En second lieu, Sa Majesté très-Fidéle persévérant, malgré tant d'excès énormes dans sa très-religieuse modération, fit faire dans sa Secrétairerie d'Etat, un Précis & Sommaire abregé de ces mêmes relations autentiques venues d'Amérique peu auparavant dans les mois de Juillet & d'Août, & même de celles qui les avoient précédées. C'est ce qui fut exécuté dans ce petit volume intitulé; *Relation abregée de la République que les Religieux Jésuites des Provinces de Portugal & d'Espagne ont établie dans les Etats d'outre-mer des deux Monarchies, & de la guerre qu'ils y soutiennent contre les armées Espagnoles & Portugaises.*

L'intention de Sa Majesté étoit de donner par cet abrégé au Pape Benoît XIV. & aux Cardinaux de son Conseil, pour les raisons qui seront déclarées ci-après, une idée claire & précise des funestes progrès que l'ambition & l'orgueil des Supérieurs de ces Religieux leur ont fait faire dans les Etats d'outre-mer de la Couronne de Portugal,

8. En troisiéme lieu, Sa Majesté très-Fidéle fit donner en même tems à son Ministre en Cour de Rome, les instructions portées dans la lettre de son Sécretaire d'Etat, du 8 Octobre de la même année, (*a*) afin que remettant entre les mains du Pape l'abrégé susdit & la lettre instructive, dont cet écrit étoit accompagné, il témoignât à Sa Sainteté l'espérance que Sa Majesté avoit dans les mesures, très-nécessaires, que Sa Sainteté ne manqueroit pas de prendre dans une conjoncture si pressante, pour empêcher que cette Compagnie, qui avoit toujours été si protégée par les Monarques Portugais & spécialement par Sa Majesté, ne se perdît entierement dans ce Royaume & dans ses dépen-

(*a*) C'est la premiere piéce de ce recueil,

dances

ſances par la corruption des mœurs de ſes Religieux. Sa Majeſté ſe laiſſant encore perſuader par ſa très-religieuſe clémence, que le concours des remédes ſpirituels émanés du Saint Siége Apoſtolique & des marques ſenſibles qu'elle avoit donné de ſon mécontentement, pourroient ramener ces Religieux aux devoirs de leur état.

9. Le Courier qui devoit porter à Rome les dépêches du Roi, étoit ſur le point de partir, lorſqu'on apprit par des informations & des preuves déciſives, que l'orgueil & l'arrogance de ces Religieux ſe portoient à de nouveaux excès. Bien loin d'être humiliés par leur diſgrace, ils avoient porté l'audace juſqu'à répandre dans les Cours étrangeres, & de vive voix & par écrit, les plus outrageantes impoſtures, s'efforçant d'y donner une idée auſſi fauſſe que ſiniſtre du caractere de Sa Majeſté très-Fidéle. Ils y noirciſſoient les vertus religieuſes de Sa Majeſté. Ils y décrioient la ſageſſe de ſon Gouvernement. L'objet principal de toutes ces calomnies, ſi conformes à leur doctrine & à leur morale, étoit de commettre la Cour de Portugal avec les autres Cours, d'éteindre dans le cœur des Sujets de Sa Majeſté l'amour & le reſpect ſi naturels à la nation Portugaiſe, & de parvenir par ces indignes voyes à ourdir les intrigues les plus criminelles, même dans la Cour de Sa Majeſté.

10. Ces nouveaux effets de leur malice firent différer le départ du Courier juſqu'au 10 de Février de l'année derniere 1758. Sa Majeſté fit expédier ce jour-là pour ſon Miniſtre à Rome de nouvelles inſtructions relatives aux dernieres inſolences de ces Religieux (*a*). Elle lui ordonna de les mettre avec les premieres ſous les yeux du Pape Benoît XIV, afin que Sa Sainteté fût auſſi pleinement inſtruite de tous ces excès, que de

(*a*) C'eſt la ſeconde Piéce de ce Recueil.

la très-Religieuſe modération de Sa Majeſté & de la très-preſſante néceſſité où Elle ſe trouvoit, d'apporter de concert avec le Pape le plus prompt remede à des maux ſi extraordinaires. Sa Majeſté très-Fidele fit en même-tems envoyer des copies de cette derniere lettre inſtructive à tous ſes Miniſtres dans les Cours étrangeres (*a*), afin qu'ils puſſent avoir & donner une connoiſſance aſſurée des meſures que le Roi avoit priſes, pour s'oppoſer à ces énormes attentats.

11. Les relations & les dépêches dont on vient de parler, ayant été miſes ſous les yeux du S. Pere, ſon profond diſcernement & ſes vives lumieres le convainquirent auſſi-tôt que le Roi très-Fidéle étoit dans la néceſſité indiſpenſable de ſe ſervir du pouvoir dont Dieu l'a revêtu, pour maintenir les droits de ſon autorité ſouveraine, & la tranquillité de ſes Etats, ſuivant que l'y obligent le droit naturel, les devoirs de ſa dignité, & la légitimité de la défenſe qui appartient, & a toujours appartenu depuis qu'il y a des Gouvernemens politiques au monde, à tous les peres de famille, pour éloigner de leurs maiſons, & réprimer efficacement tout ce qui peut y cauſer des préjudices & du trouble. C'eſt ce qu'on a toujours pratiqué dans les Etats de l'Europe les plus Catholiques & les plus pieux, quelquefois même dans des conjonctures beaucoup moins délicates & moins preſſantes. Sa Sainteté très-touchée de

(*a*) C'eſt cette Lettre même que le grand Inquiſiteur d'Eſpagne vient de condamner, „ comme contenant des propo-„ ſitions fauſſes, ſéditieuſes, propres à troubler la paix, & „ injurieuſes à la ſacrée Religion de la Compagnie de Jeſus. „ Qu'on juge par-là du fond qu'il faut faire ſur ce Decret que les Jéſuites viennent de publier avec tant d'oſtentation. Il eſt évident qu'il a été ſurpris par ces Religieux : jamais le grand Inquiſiteur ne ſe feroit porté à faire ſciemment une inſulte ſi caractériſée au Roi de Portugal.

voir que, malgré tous ces motifs, tous ces exemples & les fortes raisons qui devoient déterminer le Roi à ne plus suspendre les justes effets de son ressentiment, & le porter à des coups d'autorité, il avoit eu la modération & la bonté de se restraindre à recourir au Saint Siége; Sa Sainteté, dis-je, prit alors la résolution de faire expédier son Bref paternel du premier Avril de l'année derniere, lequel commence par ces mots : *In specula supremæ dignitatis*. Par ce Bref adressé à l'Eminentissime & Révérendissime Cardinal de Saldanha, le Pape lui conféroit toute la jurisdiction & l'autorité nécessaire, pour corriger & réprimer les attentats où se portent sans cesse l'avidité, l'orgueil & la fureur des Religieux de la Société.

12. Ce Bref leur fut signifié le 12 de Mai de la même année derniere. Aussi-tôt le Cardinal commença à procéder à cette réforme par son Mandement du 15 du même mois. Il y défendoit aux Jésuites le gros commerce qu'ils faisoient en tenant des magasins publics de toutes sortes de marchandises d'Asie & d'Amérique, & des comptoirs de banque ouverte par terre & par mer dans presque toutes leurs maisons & dans des maisons séculieres qu'ils avoient auprès du Port, pour s'épargner les voitures des balots. Par le même Mandement, son Eminence avoit en vûe de faire cesser le scandale criant que ces Religieux n'avoient pas honte de donner par leur commerce, tant aux Officiers & Receveurs du Domaine Royal, dont ils fraudoient les droits, qu'aux Négocians Portugais, par l'impossibilité où ils les réduisoient de faire leur commerce ; ces Marchands étant obligés de payer les droits des marchandises que les Jésuites vendoient sans payer d'impôts. Ils donnoient un scandale encore plus fâcheux aux étrangers de Religions différentes, qui commerçoient dans les Villes de Lisbonne & de Porto, & qui,

à la vûe de ce grand négoce des Peres de la Compagnie, se persuadoient que l'Eglise Catholique Romaine permet aux Ecclésiastiques de souiller leur saint Ministère par la pratique d'un gain sordide, fruit d'un commerce profane. En un mot, ils scandalisoient le monde entier, qui voyoit des Ministres de l'Evangile, & des maisons Religieuses, livrés à une corruption si déplorable. C'étoit à tous ces abus que le Cardinal Saldanha s'étoit proposé de mettre ordre par son Mandement.

13. Mais bien loin que le zele de son Eminence & sa correction paternelle aient pû procurer la réforme de ces Religieux, il en résulta des effets tout opposés à ceux qu'on en devoit attendre. On vit ces Peres, après le Mandement du Cardinal, se rendre de jour en jour plus coupables. Ils ne mirent plus de bornes à leur audace, à leur orgueil, à leur obstination; leurs scandales devinrent plus horribles; enfin ils se précipiterent dans les plus grandes extravagances où la misere humaine puisse tomber.

14. Dès que le Bref de la réforme & le Mandement du Cardinal leur eurent été signifiés, ils firent d'abord tous leurs efforts pour faire accroire, par des insinuations artificieuses & clandestines, aux personnes qu'ils sçavoient assez simples pour ajouter foi à leurs impostures, que le Bref ne venoit point du Pape, que c'étoit une piéce fausse & supposée, & que la commission que l'Eminentissime Réformateur leur avoit fait signifier, n'avoit aucune réalité. Y avoit-il rien de plus insolent qu'une semblable imposture, & de plus audacieux qu'une calomnie aussi horriblement débitée contre l'honneur & la bonne foi de Sa Majesté, qui avoit sollicité & obtenu le Bref, & contre l'Eminentissime Cardinal de Saldanha qui en étoit l'exécuteur?

15. On les voyoit en même-tems courir deux à deux avec l'empressement le plus affecté dans les maisons des Habitans de cette Capitale & des Cités & Villes de ce Royaume, y abuser par leurs impostures de la crédulité des personnes qu'ils croyoient les plus susceptibles de séduction ; leur nier avec la témérité la plus maligne des faits attestés par la notoriété publique, ce qui s'étoit passé & se passoit encore tous les jours sous les yeux de trois armées entieres & de tous les Habitans du Bresil ; leur affirmer qu'il n'y avoit rien de plus faux que la guerre & les séditions qu'ils ont excitées sur les frontieres & dans les contrées Septentrionales & Méridionales de ce pays, quoiqu'il n'y ait point de vérité plus certaine & plus connue, & que cette guerre ait déja coûté au Trésor Royal plus de 26 millions de creusades. (a) Ils assuroient avec une impudence incroyable, que ces guerres & ces séditions étoient de pures chimeres, que l'imputation qu'on leur faisoit d'en être les auteurs, étoit une imposture, que la relation qui en avoit été dressée par les ordres du Roi dans la Secrétairerie d'Etat sur les mémoires autentiques des Evêques, Généraux & Officiers de Sa Majesté dans ce pays-là, pour être présentés de la part du Roi au Souverain Pontife, sous le titre de *Relation abregée*, &c. étoit un libelle diffamatoire, un écrit satyrique, une piéce fabriquée par des faussaires. Des discours si impudens, si téméraires, si calomnieux auroient mérité seuls, que le Roi très-Fidele eût fait ressentir à ces pervers & détestables Religieux, les effets les plus séveres de son juste & Royal pouvoir ; mais sa très-religieuse clémence prévalut encore sur son courroux.

16. Cette effronterie, cette témérité, ces men-

(a) La Creusade est une piéce d'argent de Portugal qui vaut 480 reys, ou 50 sols de notre monnoie.

onges ne demeurerent pas renfermés dans ce Royaume; au contraire les Jésuites de Portugal, de concert & d'accord avec leurs confreres habitués dans les autres Royaumes & Etats de l'Europe, n'ont pas cessé d'y répandre leurs impostures abominables, avec les mêmes artifices & l'empressement le plus criminel. Elles ont été le sujet ordinaire de leurs lettres & de leurs conversations. Toutes les Cours le sçavent; & rien n'est plus notoire. Par ces impostures, ces Religieux se préparoient à effectuer de plus grands attentats, dont ils avoient dès-lors formé le projet, comme on va le faire voir dans un moment.

17. Dans ces circonstances, Don Joseph Manuel (a) Cardinal, Patriarche de Lisbonne, fut déterminé par les plus puissans motifs à rendre son Ordonnance du 7 Juin de l'année derniere. Il étoit instruit des censures fulminées dans la Bulle *ex debito Pastoralis Officii* du Pape Urbain VIII, du 22 Février 1633, & dans celle de Benoît XIV du 20 Décembre 1741, qui commence par ces mots : *Immensa Pastorum Principis*, avec excommunication *latæ Sententiæ* contre les Religieux commerçans. Son Eminence voyoit que ceux de la Compagnie de Jesus avoient fait & faisoient encore dans leurs maisons consacrées à Dieu, & dans les magasins qu'ils tenoient hors de ces maisons, un gros commerce tout public, & qu'ils y exerçoient aussi publiquement la banque & les changes, ce qui avoient servi de fondement à l'Ordonnance du Cardinal Réformateur. Il sçavoit qu'il est de foi que le commerce défendu par les deux Constitutions ci-dessus rapportées mérite les censures qu'elles fulminent. D'ailleurs le trafic & les bureaux d'usure de ces Religieux étoient si publics, qu'il étoit impossible de nier le fait. Son

(a) D'Atalaya.

Eminence avoit donc une juste raison de croire comme une vérité certaine & indubitable, que ces Religieux non-seulement avoient encouru les censures portées par les Bulles, mais encore qu'ils étoient endurcis & obstinés dans la transgression de ces Loix Apostoliques. Il en concluoit qu'après le dernier Bref de Réforme *In specula supremæ dignitatis* du premier Avril de l'année derniere, dans lequel le Pape Benoît XIV ordonne l'exécution des deux Constitutions précédentes, & que le Cardinal Réformateur avoit fait publier avec son mandement, il ne pouvoit plus, sans un abus criminel & sans un scandale général, souffrir que ces Religieux si notoirement opiniâtres & endurcis dans le mépris des censures dont ils étoient frappés, exerçassent le saint Ministere dans son Patriarchat, jusqu'à ce que, par la cessation de leur négoce & de leurs changes usuriers, on eût des preuves publiques & certaines de leur soumission au Decret du Saint Siége Apostolique & au Mandement du Cardinal Réformateur. Le Cardinal Patriarche étoit encore aussi frappé qu'il le devoit être de la rébellion formelle & très-certaine que ces Religieux avoient excitée contre Sa Majesté & son Gouvernement, par l'abus qu'ils avoient fait du saint Ministere, pour tromper les Sujets de ce Prince & anéantir dans leur cœur, par leurs pratiques clandestines & leurs calomnieuses suggestions, le respect & l'amour que tous les Sujets de Sa Majesté lui doivent, non-seulement comme à leur Roi & Souverain Seigneur, mais encore comme à un pere très-clement & plein de la plus vive tendresse. Son Eminence ne pouvoit douter que des Religieux, qui par conséquent étoient tout à la fois coupables d'une désobéissance formelle & opiniâtre au Saint Siége Apostolique, & d'infidélité envers leur Souverain naturel, n'eussent eux-mêmes un extrême besoin de correction & de réformation, ce qui les rendoit visiblement & absolument incapables de diriger les consciences. Enfin, l'Eminentissime Patriarche, convaincu de la nécessité indispensable pour l'Etat & la Religion, de remédier au plutôt à des abus si réels, si déplorables, ne crut pas devoir différer plus long-tems cette Ordonnance par laquelle il interdit à tous les Religieux de la Compagnie la Confession & la Prédication dans toute l'étendue de son Patriarchat.

18. Cette démarche lui paroissoit appuyée sur des raisons si justes, que peu de tems après, étant à l'article de la mort, comme on le supplioit de lever l'interdit qu'il avoit prononcé contre les Jésuites, il fit cette réponse, dans laquelle il persévéra jusqu'au dernier soupir : *Quoique j'aie fort aimé ces Religieux, je ne vois pas qu'il soit survenu aucun nouveau motif de me faire changer ce que j'ai ordonné à leur égard, pour satisfaire à l'indispensable obligation de ma conscience.*

19. Mais voici quelque chose de plus fort encore que tout ce que nous venons de dire. Dans le tems même que les Supérieurs des Jésuites continuoient d'accumuler depuis tant d'années en Amérique révoltes sur révoltes, violences sur violences, usurpations sur usurpations ; dans le tems qu'en Europe, & même à la Cour de Rome, ils entassoient insultes sur insultes, impostures sur impostures ; le Général de ces Religieux faisoit l'étonné & l'ignorant de tout ce qui s'étoit passé & se passoit encore de contraire à l'honneur & au service du Roi dans le sein de sa propre Compagnie, à la vûe de toute l'Amérique, de l'Europe entiere, & même de la Cour de Rome, où il réside. Affectant sur tout cela l'air d'un homme qui n'y auroit pas eu plus de part qu'à des choses qui se seroient passées il y a deux cens ans dans les isles du Japon, d'où l'on ne reçoit

plus de nouvelles depuis long-tems, il eut l'effronterie de présenter à Sa Sainteté le captieux Mémorial du 31 Juillet 1758.

20. Après y avoir artificieusement allégué cette ignorance hypocrite, & faussement déclaré qu'il n'avoit reçu aucun avis des désordres de ses Religieux, ce Général sous la vaine apparence d'une humilité de langage qui ne quadre nullement avec le fond de son Mémorial, a la témérité d'y avancer les deux choses du monde les plus arrogantes & les plus insupportables.

La premiere, c'est cette prétention inouie & si excessivement offençante pour la Couronne de Portugal & l'autorité de Sa Majesté Très-Fidèle, que le Pape doit évoquer à Rome la réforme dont le Bref a été accordé aux instances de Sa Majesté, & les procédures commencées pour cette affaire en Portugal, depuis le 2 Mai de l'année derniere.

La seconde, c'est l'horrible & criminelle menace, contenue dans ces paroles du Mémorial. *De plus il est fort à craindre que cette visite, au lieu d'être utile pour la réforme, ne donne lieu à des troubles qui ne seront pas fort propres à la procurer.* Le sens littéral & naturel de ces étranges paroles, c'est que si l'on ne renonce au projet de cette réforme ordonnée par le Souverain Pontife à l'instance de Sa Majesté Très-Fidèle, ces Religieux que l'on a cru réformables, ne cesseront de remplir de troubles ce Royaume & ses dépendances; c'est dire en un mot, que les décisions des Papes & les résolutions des Souverains, quand elles ne favoriseront pas les relâchemens des Jesuites, ne produiront jamais d'autres effets, que d'exciter ces Peres à causer de nouveaux troubles.

21. Lorsqu'on lut à la Cour & dans la Ville de Lisbonne cette menace & les paroles qui l'annoncent, on fut frappé de leur arrogance, & on les jugea dignes d'être condamnées comme des ex-

pressions d'une barbarie sacrilége, capables d'offenser tous les fidèles qui respectent la Religion, & à qui la vraie politique a donné une idée claire de la vénération qu'on doit avoir pour les Ordonnances Apostoliques, & de l'exemple que les Ecclésiastiques sont obligés de donner aux Laïques de la soumission & du respect dûs à leurs Souverains ; soumission si indispensable & si nécessaire, qu'on ne verroit subsister sans elle aucuns Royaumes ni Etats dans ce monde, & que la conservation même du Siége Apostolique en dépend évidemment.

22. Le pernicieux venin renfermé dans le Mémorial ne tarda pas à se manifester. On vit éclater très-peu de tems après la date de cet écrit ce funeste évenement, qui maintenant est connu de tout l'Univers, & qui l'a si hautement convaincu des justes & indispensables motifs, qui avoient déterminé le feu Cardinal Patriarche, comme il s'en est expliqué avant sa mort, à interdire les Chaires & les Confessionnaux de son Diocèse aux Religieux de la Compagnie. T ut le monde vit dans cet attentat l'accomplissement de la menace, par laquelle le Général de la Compagnie avoit prédit que la commission du Visiteur seroit entierement inutile pour la réforme, & qu'elle ne feroit que causer des troubles dans ce Royaume.

23. Le Cardinal Patriarche mourut le 9 Juillet de l'année derniere, & la menace du Général des Jesuites fut mise sous les yeux de Sa Sainteté le 31 du même mois, avec le Mémorial. Ils crurent pouvoir le présenter ce jour-là sans risque, parce que dès-lors tout étoit disposé pour une prompte exécution de la menace qu'il contenoit.

En effet, il n'y eut que le mois d'Août d'intervalle entre le jour de la présentation du Mémorial & la malheureuse nuit du 3 de Septembre 1758, funeste époque de ce parricide exécrable qui a saisid'horreur tout l'Univers, & que la fidélité Portugaise déplorera jusqu'à fin des siécles.

24. Trois mois de recherches continuelles, faites avec toute la prudence, l'exactitude & le soin possible, les réflexions les plus sérieuses & les plus mûres, l'examen le plus pénétrant & fait avec toute l'attention que l'exigeoit un tel crime, ont fourni des preuves indubitables que ce crime avoit eu pour principe un complot dont les Supérieurs des Jésuites étoient les auteurs. Leurs Maisons Professes, leurs Colléges, leurs résidences ont été les bourbiers venimeux & empestés où s'étoient empoisonnés les malheureux exécuteurs de ce sacrilége parricide. C'est-là qu'ils ont puisé les leçons & les avis qui les ont portés à le commettre. Les Supérieurs & la plûpart de ces Religieux ont été les chefs les plus abominables & les plus endurcis de l'infernale conjuration qui a enfanté ce détestable forfait.

25. Dans l'instruction de ce malheureux procès, on a acquis toutes les preuves des prédictions que les Jésuites avoient eu la méchanceté de répandre dans le Royaume & au-dehors, en différentes Cours & Villes de l'Europe. L'objet de ces fausses Prophéties étoit de faire croire au monde que la précieuse vie de Sa Majesté très-Fidéle ne dureroit pas long-tems, qu'elle touchoit même à sa fin. Mais ces prédictions, aussi bien que la menace des troubles annoncés dans le Mémorial du 31 Juillet 1358, présenté au Pape par le Pere Général des Jésuites, partoient également, comme de leur vrai principe, de la confiance qu'ils avoient dans la conspiration par eux complottée avec les Laïcs qui se sont rendus avec ces Peres coupables de cet énorme forfait. Après cela, qui ne sera surpris de la retenue de Sa Majesté? Ce Monarque ayant fait arrêter les Laïcs complices de ces Peres, le 15 Décembre dernier, fit publier & afficher sa

Déclaration du 9 du même mois, dont l'objet étoit de déterrer toutes les racines de cette pernicieuse conjuration. Sa Majesté ne s'y plaignit des prétendues Prophéties des Jésuites, que pour détromper les personnes qu'ils auroient tenté d'abuser par ces fausses prédictions. Mais elle ne voulut point en nommer les auteurs. Elle porta même son attention & sa bonté jusqu'à poser des gardes le même jour aux Maisons de ces Religieux, (ce qui étoit indispensable dans une conjoncture si pressante,) pour les mettre à couvert des insultes du Peuple tout disposé à se jetter sur leurs Maisons. Dans cette occurrence, comme dans toutes les autres, on agit de concert avec le Cardinal Réformateur, & l'on pratiqua tous les ménagemens qui pouvoient se concilier avec le bien & l'intérêt public.

26. La Souveraine Junte de l'Inconfidence (*a*) travaillant par ordre du Roi au procès des coupables, découvrit toute la grandeur & l'énormité des crimes des Jésuites, comme on en peut juger pat les articles 3, 4, 5, 6, 7, 8, 9, 10, 24 & 26, de l'Arrêt prononcé le 12 Janvier dernier contre leurs complices. Tous ces articles ont pour appui des preuves démonstratives & convaincantes tirées des Lettres & Papiers originaux de ces Religieux interceptés & saisis, les aveux des coupables, les dépositions de plusieurs témoins oculaires, enfin le corps même du délit, qui est l'objet & le fondement de cet Arrêt définitif. Il a été prononcé par plusieurs Ministres de la Justice choisis par Sa Majesté Très-Fidele dans les principaux Tribunaux de la Ville de Lisbonne, & présidés par trois Sécrétaires d'Etat. Le Roi a voulu que les coupables fussent entendus; & ils

(*a*) Commission nommée par le Roi, pour juger en dernier ressort les criminels de haute trahison.

l'ont été dans plusieurs séances, aprés avoir eu aussi par les ordres de Sa Majesté, (contre ce qui se pratique ordinairement en cas semble) communication & copie des charges portées contr'eux. Enfin le Roi a eu la bonté de nommer un des principaux Conseillers du Tribunal de la Supplication (*a*) de cette Capitale pour leur servir de défenseur, malgré la notoriété & la noirceur de de leur déteſtable crime.

27. La publication de cet Arrêt du douze Janvier dernier & l'exécution qui en fut faite le lendemain, ont fourni à Sa Majesté un nouveau motif indispensable de faire mettre dans les prisons particulieres les Jésuites qu'on a reconnus pour les principaux coupables de cette conjuration, & d'ôter à tous les autres toute communication avec ses fidéles sujets, en plaçant des Gardes autour des maisons de ces Religieux. Sa Majesté a crû devoir encore faire mettre en sequestre tous leurs biens, comme étant les biens des ennemis de sa Personne Royale & de son Etat, déclarés tels par l'Arêt d'un aussi respectable Tribunal que la *Junte de l'Inconfidence.* Cette conduite de Sa Majesté a tranquillisé le zèle & appaisé les plaintes de ses fidéles Sujets, & a fait voir d'une maniere aussi sensible que pouvoit le permettre un cas si affreux, les égards du Roi pour Sa Sainteté.

28. Il n'étoit pas possible d'en donner un témoignage plus évident & plus complet, que ces paroles dont Sa Majesté s'est publiquement servie dans sa Lettre Royale (*Carta Regia*) (*b*) en disant qu'*Elle ne donnoit ces ordres que par voie d'une œconomie in-*

(*a*) C'est la premiere & souveraine Cour de Lisbonne, qui reçoit l'appel de tous les autres Tribunaux du Royaume, & dont les Jugemens sont en dernier ressort. C'est comme les Parlemens en France. Blureau, *vocab. Portug.*

(*b*) C'est cette Ordonnance par laquelle S. M. T. F. a ordonné la réclusion des Jésuites, & le séquestre de leurs biens.

dispensable, & parce que la nécessité absolue de la défense qu'Elle doit naturellement à sa Personne Royale, à son Gouvernemetn, & au repos public de ses Etats & de ses Sujets, exigeoit ces précautions, en attendant son recours au Siege Apostolique.

Le discernement exquis de Sa Sainteté verra sans doute & reconnoîtra dans ces expressions toute l'étendue des égards du Roi pour le Saint Siege. Elle ne manquera pas assurément d'en faire la comparaison avec ce qui s'est pratiqué dans tous les pays Catholiques de l'Europe, & même dans ce Royaume, quand il a été question de punir des crimes aussi horribles que celui dont il s'agit, & même dans des circonstances bien moins graves & moins affreuses. Sa Sainteté y verra que les Ecclésiastiques coupables de conspiration contre le salut public des Etats & des peuples, ont toujours été jugés indignes de la protection de l'Eglise Catholique.

29. Par un autre trait bien exemplaire de sa religion, Sa Majesté Très-Fidele n'a pas tardé à informer tous les Evêques de ses Etats, des erreurs que les Jésuites sont convaincus d'y avoir semées de tous côtés; son intention étant que les Prélats instruits de ces erreurs préservassent les brebis confiées à leurs soins d'une contagion aussi venimeuse que celle qui s'étoit déja répandue dans le Patriarchat de Lisbonne, & qui avoit déterminé le feu Cardinal Patriarche à interdire à ces Religieux la Prédication & la Confession.

30. Mais ce qui met le comble à tout le reste, c'est que Sa Majesté par des preuves précises, claires & convaincantes, a acquis la connoissance très-certaine, qu'après les horribles attentats que ces Religieux ont commis, ou qu'ils ont fait commettre, ils n'en ont pas été plus abbattus ni plus modérés: un Arrêt solemnel, revêtu de toute l'autorité de la chose jugée, rendu avec une telle circonspection, & une si parfaite connoissance de cause, par les

Juges les plus habiles, les plus integres & les plus respectables, étoit plus que suffisant pour donner à ce qu'il atteste la certitude la plus constante & la plus notoire ; & cependant la notoriété de cet Arrêt n'a pas été capable d'abbattre ces Religieux, quoiqu'il soit appuyé sur des faits manifestes, & notamment sur le perfide atténtat commis le trois Septembre de l'année 1758 contre la Personne Royale de Sa Majesté, sur la preuve des calomnies par lesquelles les Jesuites s'efforcent depuis si long-tems de rendre odieux le nom auguste de ce Monarque ; sur les prédictions qu'ils ont fait eux-mêmes de ce funeste événement ; sur les dépositions de témoins oculaires ; enfin sur le fait précis de la conspiration que ces Religieux ont tramé avec les autrus criminels. Après de si grands & de si horribles forfaits, ces Religieux bien loin de s'humilier & de paroître couverts de confusion & de repentir, s'abandonnent à une conduite toute contraire. On les voit encore se livrer plus que jamais à tout leur orgueil, & mettre en usage ces manieres artificieuses & séduisantes qu'ils sçavent si bien employer, quand de semblables événemens leur arrivent. Les Histoires en sont remplies depuis le tems de leur relâchement. A deniers comptans ils achetent des Partisans & des Protecteurs, ils vomissent par-tout de nouvelles infamies, de nouvelles impostures contre Sa Majesté très-Fidele & son Gouvernement. Ils s'efforcent par ces voies détestables de séduire les peuples qui ne sont point au fait, & que leur peu d'instruction ou leur respect trop peu précautionné pour l'habit religieux rend susceptibles d'une crédulité capable d'ajouter foi à ces infames discours, sans prendre garde qu'ils partent d'un coeur entierement corrompu par la haine de la vérité.

31. A la vue de tant d'insultes & de forfaits, de séditions & rébellions en Amérique, qui dès le

moment où le Roi très-Fidele a voulu prendre une exacte connoissance de l'état de ses Domaines en ce pays-là, ont mis les armes à la main de ces Religieux contre leur Souverain, & lui ont attiré une guerre qui lui coute déja plus de vingt-six millions de cruzades : d'autres séditions, rébellions & attentats dans ce Royaume, contre la Royale personne & le Gouvernement de Sa Majesté : d'impostures vomies dans toute l'Europe contre le Roi & ses Ministres : d'excès pernicieux & inouis, de licences effrenées, d'outrages infames qui remplissent aujourd'hui toute l'Europe de scandales manifestes : à la vûe, dis-je, de si grands & de si horribles crimes, Sa Majesté très-Fidele espere que Sa Sainteté reconnoîtra l'absolue nécessité qui oblige ce Monarque de considérer ce que dans une conjoncture si importante il doit à Dieu, pour s'acquitter des obligations qu'il lui a imposées en le plaçant sur le Trône ; ce qu'il doit à son autorité royale, ce qu'il doit à tous les autres Monarques & Potentats de l'Europe, qui auroient un juste sujet de lui reprocher l'injure faite à l'autorité souveraine, si par le plus pernicieux de tous les exemples, des crimes si énormes demeuroient sans une punition très-sévere ; ce qu'il doit à la tranquillité publique de ses Royaumes & Etats ; ce qu'il doit pour la réparation du scandale universel donné à toutes les Nations civilisées, qui aiment & respectent leurs Souverains comme les Oints du Seigneur : ce qu'il doit enfin à la fidélité exemplaire, & à la juste attente de tous les peuples que Dieu lui a confiés, qui tous universellement, depuis les plus grandes Villes jusqu'aux plus petites Bourgades, ne cessent de requérir & de demander à grands cris qu'il soit fait justice des coupables qui ont si criminellement scandalisé & déshonoré la fidélité Portugaise, en s'efforçant de l'ensevelir sous la ruine entiere de la Monarchie. Sa Majesté

est

eſt donc forcée d'appliquer ſans plus de délai à des maux ſi extrèmes & ſi invétérés, par l'avis de plusieurs des Miniſtres de ſon Conſeil & des Officiers de ſa Cour Souveraine, auſſi habiles que pieux, que Sa Majeſté a religieuſement conſultés & entendus ſur une affaire d'une ſi grande conſéquence, les derniers remèdes qui ſont expoſés à Sa Sainteté dans la lettre que le Roi a ſignée de ſa main. Sa Majeſté eſpere, comme un fils très-ſoumis & très-obéiſſant, d'un pere ſi rempli de lumiere & de charité, que l'attention profonde & les ſérieuſes réflexions avec leſquelles Elle s'eſt conduite dans une affaire ſi importante, lui mériteront pour tout le paſſé la Bénédiction Apoſtolique, que Sa Majeſté déſire avec ardeur à l'imitation de ſes auguſtes prédéceſſeurs, & lui procureront pour l'avenir l'avantage de voir Sa Sainteté concourir avec l'autorité Royale pour mettre fin à des maux ſi extrêmes & ſi préjudiciables au bien public & au repos de ſes Sujets, & pour faire ceſſer les ſcandales cauſés dans toute la Chrétienté par les derniers déſordres que les Jéſuites ont commis dans le Portugal & dans toutes ſes dépendances. Fait à Notre Dame d'Ayuda le 20 Avril 1759.

www.ingramcontent.com/pod-product-compliance
Ingram Content Group UK Ltd.
Pitfield, Milton Keynes, MK11 3LW, UK
UKHW012114240726
13965UKWH00004B/1771